Inhalt

Mediation - Der alternative Weg zur Konfliktlösung?

Kernthesen

Beitrag

Fallbeispiele

Weiterführende Literatur

Impressum

Mediation - Der alternative Weg zur Konfliktlösung?

M.Reiner

Kernthesen

- Während in Deutschland noch immer die meisten Auseinandersetzungen in und zwischen Unternehmen vor Gericht ausgefochten werden, hat sich in den USA längst der Weg der Mediation bewährt.
- Grund für diese langsame Verbreitung ist die Angst vor neuen, noch wenig bekannten Lösungsansätzen.
- Dabei hilft Mediaton nicht nur hohe Gerichtskosten und lange Verfahren zu vermeiden, sondern bewahrt Unternehmen vor Know-how Abwanderung und

Imageverlusten durch öffentliche Prozesse.

Beitrag

Streitigkeiten in und zwischen Unternehmen landen in Deutschland meistens vor Gericht. Immense Kosten, Imageverlust und ein schlechtes Betriebsklima sind die Folge. Dabei haben die Firmen in den USA längst vorgemacht, dass es auch anders geht über den Weg der Mediation.

Mediation neue Lösungsansätze bei Streitigkeiten

Unter Mediation versteht man die Förderung der Streitbeilegung durch neutrale Vermittler. Der Unterschied zu Gerichtsverfahren, Schlichtung und den Schiedsgerichtverfahren besteht darin, dass der Mediator weder Entscheidungen trifft noch Lösungen vorschlägt. (1)

Die Aufgabe des Mediators besteht lediglich darin, durch gelernte Gesprächspraktiken die Verständigung zwischen den Parteien zu fördern und so außergerichtliche Einigungen zu erzielen. (6)

Mediation ein neuer Trend in Deutschland?

In den USA werden fast 50 Prozent der Streitfälle, die normalerweise vor Gericht ausgetragen würden, durch Mediation gelöst. Oft geht es dabei um Gesellschafterkonflikte, die Regelung der Unternehmensnachfolge, Mobbing oder anderweitige Streitigkeiten. (5)
Auch in Österreich ist die Mediation seit 2004 gesetzlich durch das Mediationsgesetz verankert. (2) 13 Prozent der österreichischen Unternehmen haben bereits praktische Erfahrung mit Mediation gesammelt. (4) Nur in Deutschland wird das Instrumentarium noch stiefmütterlich behandelt. Doch die Tendenz ist steigend. Niedersachen hat nun als erstes Bundesland den Entwurf eines Mediationsgesetzes in den Landtag eingebracht. (7) In Hamburg wird Mediation seit Januar 2007 am Amtsgericht angeboten. Von insgesamt 12000 Verfahren wurde in 25 Fällen der Weg der Mediation beschritten. (5)

Wie funktioniert Mediation?

Mediation erfolgt in mehreren Phasen. (1), (5), (7)

- Überprüfung: Der Mediator muss prüfen, ob die Mediation ein geeignetes Mittel im gegebenen Streitfall ist.
- Konfliktanalyse: Der Mediator klärt die zu verhandelnden Themen
- Hintergründe: Der Mediator versucht herauszufinden, ob tiefer liegende Interessen den Konflikt beeinflussen, auch wenn sie vordergründig nichts mit dem Konflikt zu tun haben.
- Schaffung von Transparenz: Der Mediator fasst das Gesagte zusammen und sorgt dafür, dass beide Parteien genau verstehen, was der andere sagen möchte. Dabei ist der Mediator eine neutrale Instanz, der beide Seiten akzeptiert und keine eigenen Interessen verfolgt.
- Lösungssuche: Nicht der Mediator, sondern die sich streitenden Parteien suchen gemeinsam nach Lösungswegen.
- Vertrag: nachdem die Parteien einig geworden sind, legen sie einen Vertragsentwurf einem Anwalt ihres Vertrauens vor, der dann unterschrieben wird. Wird keine Einigung erzielt, wird der Streit entweder vor einem Schiedsgericht oder einem ordentlichen Gericht ausgetragen.

Vorteile der Mediation

Win-Win Situation

Ziel der Mediation, ist für beide Seiten eine Win-Win Situation zu erlangen. Indem die Parteien alleine ihre Lösungen erarbeiten und sich auf einen Konsens einigen, hat anders als vor Gericht keiner das Gefühl, benachteiligt zu werden. (1)

Schnelle Konfliktlösung

Je nach Schwierigkeit des Konfliktes dauert eine Mediation ca. 4 Sitzungen.

Geringe Kosten

Die Kosten für eine Mediation sind im Gegensatz zu einer Gerichtsverhandlung mit 150 bis 300 Euro pro Stunde überschaubar. (5)
Eine Befragung von 15 Unternehmen hat ergeben, dass sich pro Mitarbeiter durchschnittlich 634 Euro im Jahr einsparen lassen, wenn Konflikte in den Bereichen Personal, Recht, Kunden- und Lieferantenbeziehungen richtig gehandelt werden. (4)

Gesicht wahren

Indem die Mediation vertraulich und unter Ausschluss der Öffentlichkeit vollzogen wird, können Unternehmen Imageverluste vermeiden. Nicht selten tragen Mediationen dazu bei, dass Geschäftsbeziehungen trotz des Konflikts erhalten bleiben. [(2)](#), [(8)](#)

Know-how Verlust

Auch interne Streitereien mit Mitarbeiten schädigen das Betriebsklima und das Image, wenn sie öffentlich vor Gericht ausgetragen werden. Mediation kann zu einer friedlichen Lösung beitragen und unter Umständen auch die Abwanderung von wichtigem Know-how vermeiden. [(4)](#)

Fallbeispiele

Konfliktlösung ist nach Meinung vieler Experten keine Aufgabe des Managements. Dennoch werden viele Streitereien intern geregelt und enden oft mit Kompromissen oder Kündigungen, die wiederum hohe Kosten nach sich ziehen. (2) Um das zu vermeiden ist es ratsam, firmeninterne Mediatoren oder Konfliktlotsen auszubilden, die schnell und ohne großes Aufheben die Probleme lösen. (3)

Um in Österreich auf die offizielle Mediatorenliste zu gelangen, müssen Anwärter eine umfangreiche Ausbildung nachweisen. Auf der Linzer Universität wird in 16 Modulen innerhalb von vier Jahren das nötige Know-how gelehrt. Die Kosten pro Semester belaufen sich auf 2750 Euro. (9)

Einen praktischen und theoretischen Einblick in das Thema Mediation und Konfliktlösung bietet das von Rechtsanwälten und Therapeuten verfasste Buch Konfliktmanagement, erschienen 2006 im Linde Verlag. Auf 256 Seiten erhalten Interessierte unter anderem Entscheidungshilfen, einen Fragebogen zur Erfassung der Konfliktwahrnehmung sowie eine Anleitung zur positiven Veränderung. Das Buch wurde herausgegeben von Team Businessmediation und ist für 28 Euro zu erwerben. (10)

Laut einer Studie vom Institut für Grundlagenforschung (IGF) und WKO waren 73 Prozent der befragten Führungskräfte nach ihrer Erfahrung mit Wirtschaftsmediation sehr und 25

Prozent zum Teil zufrieden. Als herausragende Vorteile der Mediation wurden Konfliklösung, Kosten- und Zeiteffizienz angegeben. Erwähnt wurden auch eine bessere Ausgangsbasis für die Kommunikation und das Vermeiden von Gesichtsverlust. (4)

Einen interessanten, umfassenden Einblick in die Methode der Mediation und die Arbeit der Mediatoren liefert Arthur Trossen in Vermögen und Steuern vom 1.6.2007. (1)

Eine Ausbildung für die Mitarbeiter von Personalabteilungen bietet das Berufsbildungswerk des Unternehmerverbandes Einzelhandel in Osnabrück. In einer 10-wöchigen Zertifikatsausbildung können Personaler u.a. im Kommunikationstraining, Konfliktmanagement sowie in der Mediation geschult werden. (11)

Mediation konkret nennt sich das Buch von Bernd Nolte und Konrad Fischer, das nicht nur Mediatoren wertvolle Einblicke in die Methoden der Mediation gibt. Auch in der Personalarbeit oder bei Vertragsverhandlungen kann die Lektüre genutzt werden. Beschrieben werden u.a. Beispielsfälle, Personentypen, Techniken und Checklisten. Erschienen ist das Buch im WILEY-VCH Verlag, Weinheim 2006. (12)

Weiterführende Literatur

(1) Die Magie der Mediation entspringt drei wesentlichen Zielsetzungen
aus Vermögen und Steuern 06 vom 01.06.2007 Seite 030

(2) O.V., Wege aus dem Konflikt. Mediation, a3-eco, Nr. 06/07 vom 1.6.2007, Seite 42
aus Vermögen und Steuern 06 vom 01.06.2007 Seite 030

(3) Lapp, Thomas, IT-Sicherheit gehört in den Arbeitsvertrag, Computerwoche, Nr. 18 vom 4.5.2007, Seite 42f.
aus Vermögen und Steuern 06 vom 01.06.2007 Seite 030

(4) O.V., Hilfe für Streithanseln, medianet, Nr. 994/07 vom 6.6.2007, Seite 4
aus Vermögen und Steuern 06 vom 01.06.2007 Seite 030

(5) Becker, Christina, Konfliktlöser verhindern teure Gerichtsverhandlungen. Auch in Hamburg laufen Projekte. Erste Mediationswoche ein großer Erfolg, Welt am Sonntag, Nr. 10 vom 11.3.2007, Seite HH3
aus Verm&ouml;gen und Steuern 06 vom 01.06.2007 Seite 030

(6) Schüttpelz, Bert, Schluss mit Streiten, Schweriner

Volkszeitung vom 1.3.2007, Seite 21
aus Verm&amp;ouml;gen und Steuern 06 vom 01.06.2007 Seite 030

(7) Sittig, Friedemann, Wenn zwei sich streiten, arbeitet der Dritte. Mediatoren sollen nicht nur in Tarifkonflikten die Parteien beim Finden eigenständiger Lösungen unterstützen. Angesichts der Überlastung der Justiz wird ihr Beruf immer wichtiger. Noch fehlen klare Standards für die Ausbildung, Welt am Sonntag, Nr. 33 vom 19.8.2007, Seite 66
aus Verm&amp;ouml;gen und Steuern 06 vom 01.06.2007 Seite 030

(8) Einigungsverfahren Gesetzliche Weihen für die Mediation
aus SCHWEIZER BANK Nr.02 vom Februar 2007 Seite 48

(9) O.V., Mediation hat Zukunft, Der Standard vom 19.5.2007, Seite P10
aus SCHWEIZER BANK Nr.02 vom Februar 2007 Seite 48

(10) Konfliktlösung im Betrieb durch Mediation
aus Deutscher Drucker Nr. 22 vom 12.07.2007 Seite 42

(11) Betriebliche Ombudsleute ausgebildet
aus Handelsjournal / Report Nr. 08 vom 15.08.2007 Seite 055

(12) Mediation nicht nur für Mediatoren
aus Börsen-Zeitung, 28.02.2007, Nummer 41, Seite 20

Impressum

Mediation - Der alternative Weg zur Konfliktlösung?

Bibliografische Information der deutschen Nationalbibliothek

Die Deutsche Nationalbibliothek verzeichnet diese Publikation in der deutschen Nationalbibliografie; detaillierte bibliografische Daten sind im Internet über http://dnb.d-nb.de abrufbar.

ISBN: 978-3-7379-0920-4

© 2015 GBI-Genios Deutsche Wirtschaftsdatenbank GmbH, Freischützstraße 96, 81927 München, www.genios.de

Alle Rechte vorbehalten. Dieses Werk ist einschließlich aller seiner Teile – z.B. Texte, Tabellen und Grafiken - urheberrechtlich geschützt. Jede Verwertung außerhalb der Grenzen des Urheberrechtsgesetzes bedarf der vorherigen Zustimmung des Verlags. Dies gilt insbesondere auch für auszugsweise Nachdrucke, fotomechanische Vervielfältigungen (Fotokopie/Mikroskopie), Übersetzungen, Auswertungen durch Datenbanken oder ähnliche Einrichtungen und die Einspeicherung und Verarbeitung in elektronischen Systemen.